Martin Gruner

CW00469273

Wiener Kongress und Versailler Vertrag - ein V[
Politik

Martin Gruner

# Wiener Kongress und Versailler Vertrag - ein Vergleich aus der Sicht der internationalen Politik

GRIN Verlag

Bibliografische Information der Deutschen Nationalbibliothek: Die Deutsche Bibliothek
verzeichnet diese Publikation in der Deutschen Nationalbibliografie; detaillierte bibliografische Daten sind im Internet über http://dnb.d-nb.de/ abrufbar.


1. Auflage 2004
Copyright © 2004 GRIN Verlag
http://www.grin.com/
Druck und Bindung: Books on Demand GmbH, Norderstedt Germany
ISBN 978-3-640-11424-5

Universität Augsburg
Lehrstuhl für Politikwissenschaft
Proseminar: Einführung in die internationale Politik I
Wintersemester 2003/04

# Wiener Kongress und Versailler Vertrag –
# Ein Vergleich aus der Sicht der internationalen Politik

**Seminararbeit** – Eingereicht von:
Martin Gruner

Studiengang: Neuere und neueste Geschichte, Geschichte der frühen Neuzeit, Politikwissenschaft M.A; 1.Semester

Augsburg, 25.3.2004

# Inhaltsverzeichnis

# Einleitung

Mehr und mehr wird die internationale Politik zur Sicherheitspolitik. Durch Macht-gleichgewicht, Machtkontrolle oder Machtausübung entstehen Systeme der Internatio-nalen Sicherheit. Durch ein Wechselspiel zwischen Krieg und Frieden lösen sie sich fortwährend ab[1].

Das „Klassische Gleichgewichtssystem" nach dem Westfälischen Frieden wurde durch die französische Revolution und die darauffolgenden napoleonischen Kriege vom „eu-ropäischen Konzert" der Großmächte auf dem Kongress in Wien abgelöst. Ein theoreti-sches Gleichgewicht sollte Europa in der Waage halten und so den errungenen Frieden sichern. Mit dem Zusammenbruch dieses „Konzertes" weitete sich die Sicherheitspoli-tik erstmals auch über die Grenzen Europas hinaus aus. Bei den Verhandlungen über den Versailler Vertrag war nun die Idee der kollektiven Sicherheit mittels Machtkontrolle im Zentrum der Überlegungen.

Marius Schneider verfolgt dieses Wechselspiel weiter über die Konferenz von Jalta, dem Ende des kalten Krieges, bis hin zur neuen Rolle der Nato der Gegenwart. Im Rahmen dieser Seminararbeit können und sollen nur die Sicherheitsordnungen von Wien und Versailles zur näheren Untersuchung herangezogen werden. An Hand von Schneiders Vorüberlegungen werden besonders die Unterschiede der Sicherheitssyste-me herausgearbeitet. Bei diesen Betrachtungen rücken vor allem Schneiders Definitio-nen der Begriffe „Krise", „Rolle" und „Intervention" in den Blickpunkt.

## Historischer Abriss

Sowohl die Wiener Schlussakte, als auch der Versailler Vertrag sind aus politischer Sicht völkerrechtliche Verträge zur Beendigung zwischenstaatlicher, kriegerischer Aus-einandersetzungen und damit der Grundstein für eine Neuordnung Europas. Die Bereit-schaft, ein System des Friedens und der Stabilität zu etablieren, eint die Beteiligten über die Jahrhundertgrenze hinweg.

Das Zustandekommen der Verträge ist jedoch in ihrer Art konträr. Während Frankreich als Kriegsaggressor –und verlierer schon bald wieder ein gewichtiges Mitbestimmungs-recht während der Verhandlungen in Wien hatte, wurde Deutschland der Versailler Ver-trag als Oktroy unterschriftsreif vorgelegt. Dass dieses Verfahren selbst bei einigen Si-germächten auf Ablehnung stieß, zeigt sich durch die Nichtratifizierung und den Ab-schluss eines separaten Friedens zwischen den USA, sowie weiteren Nationen mit dem Deutschen Reich in den Folgejahren bis 1921. Im Verlauf der Analyse innerhalb dieser

---

[1] Woyke (2000), S.196

3

Seminararbeit stehen aber nicht die Artikel zur Diskussion, die die Bestimmungen und Auflagen für das Deutsche Reich betreffen, sondern nur der erste Teil des Vertrages zur Satzung des neugeschaffenen Völkerbundes.

## Vergleich der Indikatoren

Um untersuchen zu können, wie aus der Umsetzung bestimmter Sicherheitskonzeptionen sich diese weiterentwickeln oder verändern[2], führt Schneider sog. Indikatoren ein. Diese Indikatoren (von Schneider auch „Brückenkonzepte"[3] genannt) sind willkürlich gewählt und zweifelsohne erweiterbar. Wichtig erscheint die Tatsache, dass erst die wechselseitigen Beziehungen der Indikatoren den Charakter einer Sicherheitsordnung beschreiben können.[4]

Die drei zu behandelnden Indikatoren werden kurz erläutert und begrifflich eingegrenzt, bevor die zwei zu untersuchenden Sicherheitssysteme an Hand dieser genauer betrachtet werden.

## Die Krise

Jede politische Ordnung, und somit auch die hier zu erläuternden Sicherheitsordnungen, obliegt definierten Regeln und Rollenverteilungen. Sobald eine Regelverletzung auftritt, kann man von einer „Krise" sprechen. Es liegt an dem System selbst, wie es die Krise meistert. An Hand der Maßnahmen, die die Akteure innerhalb der politischen Ordnung ergreifen, lassen sich gute Rückschlüsse auf die Ordnung selbst führen.

Wie im Folgenden gleich gezeigt wird, ist die Ansicht der Akteure, ob nun ein Krisenfall vorliegt oder nicht, selten eindeutig. Auf jeden Fall erzeugt die Krise beiden Akteuren einen Handlungsbedarf, der allzu oft nur durch die Entscheidung zwischen „Krieg und Frieden" gelöst werden kann.[5] Diesem Handlungsbedarf schließt sich die Untersuchung des Zustandes der Ordnung nach der Krise an. Hat sich das System reproduzieren können oder war es nicht krisensicher und konnte nicht im bestehenden Rahmen weitergeführt werden? Die Beantwortung dieser Frage ist ein guter Indikator für die Stabilität der politischen Ordnung.

## Die Rolle

Der Rollenbegriff beschäftigt sich mit dem Verhältnis der Akteure zu– und untereinander. Im Bereich der internationalen Politik sind diese Überlegungen allgegenwärtig.

---

[2] Schneider (2003), S.106
[3] Schneider (2003), S.106
[4] Schneider (2000), S.146
[5] Schneider (2003), S.130

Z.B. wird nach der „Rolle" der EU im Nahostkonflikt gefragt oder die „Rolle" der USA innerhalb von Europa untersucht. Betrachtet man die Überlegungen genauer, zeigt sich, dass die „Rolle" eigentlich eine Frage der „Integration eines Akteurs in der Gesamtordnung"[6] ist. Über das aktuelle Verhalten eines Akteurs innerhalb des Rollenkonzeptes lassen sich leicht Rückschlüsse über die Wertestruktur der Sicherheitsordnung ziehen. Die Untersuchung zeigt aber auch die Unterschiedlichkeit der Akteure – und auch ihre Gemeinsamkeiten. An den Rollenerwartungen zeigt sich, ob das System harmonisch ist.

## Die Intervention

Dieser Indikator ist eine tatsächliche politische Handlung an Hand deren das Ordnungssystem untersucht werden kann. Marius Schneider sieht die Intervention als wichtigen Indikator, weil „die Durchführung einer Intervention die Frage der legitimen Gewaltanwendung entscheidet; sie entscheidet zudem darüber, wer (Ordnungsstruktur) in wessen Namen (Wertestruktur) diesen Akt ausführen darf"[7]. Zu beachten ist, dass die Intervention stets die Grenze der „Souveränität" überschreitet. Natürlich darf die Intervention nicht rein als militärische Intervention gesehen werden, sondern sie umfasst auch ökonomische Maßnahmen (beispielsweise Handelsblockaden) und politischen Druck von außen. Die Untersuchung der Intervention wird mit hinzugezogen, da sich durch eine Änderung der Interventionspraxis Rückschlüsse auf eine Veränderung des Ordnungsprinzips einer Sicherheitsordnung ziehen lassen. Auch die Begründungen für eine Intervention lassen gut die Unterschiede der Sicherheitsordnungen aufzeigen.

## Wiener Kongress und Versailler Vertrag unter genauerer Betrachtung

Wie zu Beginn des vorangegangenen Abschnittes schon betont wurde liegt die Aussagekraft der Indikatoren in ihrer Gesamtheit. Erst alle drei Begriffe gemeinsam erlauben Einschätzungen und Vergleiche über die Sicherheitsordnungen ziehen zu können. Im folgenden soll nun untersucht werden, in wie weit sich die „Brückenkonzepte" bei zwei konkreten Sicherheitsordnungen anwenden lassen und wo sie sich unterscheiden.

Die zu untersuchenden Ordnungen repräsentieren einen „politischen Konsens, wie eine Sicherheitsordnung für Europa gestaltet sein könnte"[8]. Sowohl Wien als auch Versailles sind Momente der Einheit, die jedoch nicht all zu lange währten. Ein Schwerpunkt der Analyse wird genau diese Frage sein: Warum konnten sich diese mühsam ausgehandelten Sicherheitsordnungen nicht reproduzieren?

---

[6] Schneider (2003), S.134
[7] Schneider (2003), S.138
[8] Schneider (2003), S.149

# Der Wiener Kongress 1814/15

Das Schlagwort des Kongresses ist genauer betrachtet ein Paradox: Mit der Idee der „Restauration" wird Europa komplett neu gestaltet und unter den damaligen Großmächten eine Friedensordnung verankert, die sich historisch dem Westfälischen Frieden und dem Frieden von Utrecht anschließt. Charakteristisch für diese neue Ordnung ist das Bewusstsein aller Akteure für ein gemeinsames europäisches Interesse.[9] Doch wie kam es zum Bruch dieses Konsens?

Mit der Unterzeichnung der Wiener Schlussakte sollten mehrere Probleme vertraglich gelöst sein: Die Allianz der Großmächte hat sich neu konstituiert, das Problem der territorialen Neuordnung scheint gelöst und die Fragen bezüglich Wiedererschaffung bzw. Wiedereinsetzung politischer Akteure sind vermeintlich beantwortet. Dies alles ist umklammert vom Prinzip des „Gleichgewichts der Mächte". Doch so stabil diese neue Ordnung auch scheint, Veränderungen innerhalb des Systems kann sie nicht bewältigen und ist durch ihre rückwärtsgewandte Status-quo-Denkweise zum Scheitern verurteilt.

Besonders deutlich wird dies, wenn der Indikator „Krise" näher betrachtet wird: Zu Beginn ist das „Gleichgewicht der Macht" noch gleich zu setzten mit der Ausgewogenheit der Territoriengröße bzw. mit den Einwohnerzahlen eines Staates[10]. Schon bei der sächsisch-polnischen Krise zeigt sich, dass dieses auf purer Rechnerei basierende System nicht fortgeführt werden kann. Das Fundament eines Gleichgewichts ist demnach politische Macht und Einfluss und nicht die Quadratkilometerfläche der einzelnen Staaten.

Eine andere Krise ist die Angst vor Revolutionen, besonders innerhalb Frankreichs. Diese Bedrohung prägt besonders den Charakter der Sicherheitsordnung. Ausgehend von der Überzeugung, die französische Revolution von 1789 sei Ursache für den Zusammenbruch des „ancièn regime" und habe auch zur Katastrophe der napoleonischen Kriege geführt, nimmt dieser Gesichtspunkt den zentralen Aspekt der Krise ein. Aus diesem Grund ist die Revolutionsverhinderung wichtigstes politisches Programm der Wiener Übereinkunft. Schneider geht sogar noch weiter und erhebt die „Ächtung der Revolution als eigentlichen Schöpfungsakt"[11]. Zuerst richtet sich diese Ächtung rein gegen Frankreich, doch schon im Laufe der Verhandlungen und mit der wachsenden Integration der französischen Diplomaten weitet sich diese Ächtung aus und schließt die innerstaatliche Bekämpfung ein, egal welchen Staat sie in Europa betrifft. Somit ist die innerstaatliche Struktur zum ersten Mal maßgebend für das zwischenstaatliche Verhält-

---

[9] Vgl. Kissinger (1991), S.180-186
[10] Schneider (2003), S.160
[11] Schneider (2003), S.162

nis. Nicht mehr „nur" das Nichteinhalten von internationalen Verträgen, sondern auch innerstaatliche Veränderungen sind nun eine Erschütterung bzw. Bedrohung der Sicherheitsordnung. Natürlich ist dieser Denkansatz ein ideologischer Gegensatz zwischen liberaler und konservativer Politik, dennoch ist er weit genug gefasst worden um beide Positionen vereinen zu können. Von nun an war die Frage der inneren Legitimation von Herrschaft nicht mehr die Sache eines Staates alleine, sondern auch die der Staatengemeinschaft. Dass aber genau dieser Punkt später die Wiener Vereinbarungen, die starr und unflexibel formuliert sind, im aufkeimenden Nationalismus kippen lässt, steht außer Frage.

Die Betrachtung der Rollenstruktur soll nun weitere Ergebnisse für die Analyse liefern: Die Bedingungen für die Mitgliedschaft, sowie das Verhältnis der Mitglieder untereinander, sind hierbei der Ausgangspunkt. Die Wiener Ordnung fällt sofort durch ihre oligarchische, monarchische und antidemokratische Struktur auf. Mitglieder dieser Struktur sind in erster Linie die Kriegsgewinner, der unterlegene Aggressor bleibt außen vor. Aber nicht „Frankreich" ist dieser Aggressor sondern Napoleon! Nach der Wiedereinsetzung der Bourbonen stehen wieder alle diplomatischen Türen offen[12]. Hier zeigt sich schon klar die Verwischung von innerer und äußeren Macht, die schon zu Beginn dieses Abschnitts bei der Erörterung der Krise behandelt wurde: das Prinzip der staatlichen Souveränität (und damit auch die Mitgliedschaft in der Ordnung) ist nun an die monarchistische Legitimität gekoppelt.[13]

Mit der Einführung des Großmächteprinzips weist die Wiener Ordnung eine weitere Neuerung auf. Durch die Vereinbarung, sich in regelmäßigen Abständen zu treffen, wird der Großmachtstatus der vier Siegermächte Preußen, England, Österreich und Russland (plus später das restaurierte Frankreich) institutionalisiert. In den Folgejahren beteiligt sich England zwar nicht mehr an diesen Verhandlungen, aber dies ist nicht gleichbedeutend mit der englischen Loslösung von den Prinzipien des europäischen Konzertes, sondern von den Mitteln der Durchsetzung, die im sofortigen Anschluss behandelt werden.[14]

Der letzte Prüfstein ist die Untersuchung der „Intervention". Hier kann abschleißend noch mal der „praktische Konsens"[15] an Hand konkreter Probleme untersucht werden. Wie schon bei den anderen Indikatoren ist die Harmonie innerhalb der Ordnung nicht

[12] Schneider (2003), S.177
[13] Schneider (2003), S.179
[14] Craig (1978), S.35
[15] Schneider (2003), S.207

immer gegeben. Besonders England tut sich stets schwer, sich den antiliberalen Forderungen Österreichs und Russlands anzupassen. So auch nicht anders, wenn es um die Frage der Intervention geht. Und Streitfälle gab es in den Folgejahren genügend. Schon 1818 auf dem Kongress von Aachen wurde deutlich, dass die englische Position auf Dauer die Einmischung in innerstaatliche Angelegenheiten, wie es besonders Österreich fordert, nicht akzeptieren kann. Erst bei der Gefährdung der zwischenstaatlichen Ordnung sieht England Handlungsbedarf.[16] Aus Sicht des Empires liegt der Schwerpunkt des Sicherheitsbegriffes auf dem zwischenstaatlichen und zeigt durch die darausfolgende Nichteinmischung in innerstaatliche Angelegenheiten weit aus liberalere Züge, als die Position der Kontinentalmächte.

Zum diplomatischen Bruch kommt es dann im Oktober 1822, als die auf monarchistischer Legitimation beharrenden Staaten tatsächlich militärisch aktiv werden. Diesem Militäreinsatz geht eine lange Kette von Verhandlungen voraus, bei denen die Akteure ihre Positionen durchzusetzen versuchen. Schon im Januar 1820 brach in Spanien die Revolution aus. Es zeigte sich schnell, dass keine Einigkeit darüber herrschte, inwiefern der Umsturz eine „Krise" ist, welche Rollenverteilung daraus folgt und wie eine mögliche Intervention aussehen könnte.[17] Erst mit dem Aufflammen der Revolution auch in Neapel gerät das System unter Handlungsdruck. Stellt man die Positionen der Akteure Russland, Österreich und Großbritannien gegenüber, wird der Dissens deutlich. Der Zar sah den Bündnisfall erfüllt und forderte ein sofortiges Eingreifen, der englische Diplomat widersprach und befürchtete eine Verletzung des Gleichgewichts, wenn die russische Armee am anderen Ende Europas zum Einsatz käme. Auch eine Intervention Frankreichs wurde von englischer Seite ausgeschlossen, mit den gleichen Argumenten. Eine Lösung konnte nicht nach den Regel einer formalisierten Kongresspolitik herbeigeführt werden, das System brach zusammen und Einzellösungen wurden ausgearbeitet, die in ihrem Ergebnis von Großbritannien nicht akzeptiert wurden.

Schneider sieht in diesem Zusammenbruch die Teilung Europas in demokratische und autokratische Mächte.[18] Wie auch immer dieser Zusammenbruch interpretiert werden mag, Fakt ist, dass der politische Konflikt weder über das Prinzip der „Balance of Power", noch durch multilaterale Verhandlungen überwunden werde konnte. Zwar wurde im März 1823 die „Krise" in Spanien durch eine militärische „Intervention" Frankreichs

---

[16] Craig (1978), S. 33
[17] Schneider (2003), S.214
[18] Schneider (2003), S.219

beseitigt, aber Großbritannien hatte sich von der neuen Ordnung entfernt – der erste Schritt in Richtung Zerfall des Wiener Systems.

## Der Versailler Vertrag 1918

Wie schon in Wien scheint es das Bewusstsein der Gemeinsamkeit zu geben. Erstmals ist durch die Miteinbeziehung der USA dieses Bewusstseinein ein globales[19]. Das Projekt des Völkerbundes ist die eigentliche Neuerung innerhalb dieser Versailler Sicherheitsordnung. Am Ende des langen „war to end all wars", stand die Frage der Absicherung gegen internationale Aggression im Zentrum der neuen Ordnung. Dies ist ein gewaltiger qualitativer Sprung gegenüber den Wiener Verträgen. Nichtsdestoweniger ging auch diese fortschrittliche Sicherheitsordnung schon bald im Chaos der Gewalt unter.

Der Krisenbegriff gibt schnell einen Überblick über die entstandene Ordnung und ihre Bedrohungen: Die Zweiteilung in „Restauration" und „Revolution" wird zwar nicht mehr verfolgt, aber dennoch sind die Einflüsse innerstaatlicher Entwicklungen auf zwischenstaatliche Beziehungen von Bedeutung. Ziel der neuen Ordnung war es in erster Linie, den erneuten Zusammenbruch des grundlegenden internationalen Regelwerkes zu verhindern, also die Achtung von Verträgen, die Offenheit des diplomatischen Verkehrs, sowie die Achtung des Neutralitätsprinzips.[20] Diese Aspekte sind an sich nicht wirklich eine Neuerung, die mögliche Durchsetzung hingegen schon: Der Versailler Vertrag ermöglichte zum ersten Mal in seiner Eigenschaft als „System der kollektiven Sicherheit", das Eingreifen aller Mitgliedsstaaten gegen den Staat, der die vorgegebene und akzeptierte Ordnung verletzt. Dieses Eingreifen kann theoretisch bis zum Krieg führen. Die Einführung eines derartigen System zur Krisenbewältigung ist für die Geschichte der Sicherheitspolitik revolutionär.

Genauso neuartig war, dass zum ersten Mal die Frage der Abrüstung zur Sprache kam. Mit ihrer Hilfe soll das „Krisenpotential" der Ordnung von vornherein auf einem niedrigen Niveau gehalten werden. Wie schon in Wien steht bei diesem Aspekt das souveräne Recht den Erfordernissen für den Erhalt der zwischenstaatlichen Ordnung gegenüber. Das Recht der Gewaltanwendung lag zwar weiterhin beim Staat, die Satzung ergänzt dieses Recht jedoch mit Argumenten der überstaatlichen Ordnung.

Bei der abschließenden Betrachtung des Krisenbegriffes muss betont werden, dass im Gegensatz zur Wiener Übereinkunft die innerliche Struktur der Mitgliedsstaaten kein

[19] Schneider (2003), S.153
[20] Schneider (2003), S.166

Problem ist. Das wohl erwartete Prinzip der Demokratie wird gar nicht erst erwähnt.[21] Die von Wilson so hoch bewerteten Begriffe „Freiheit", „Gleichheit", „Selbstbestimmung" und „Demokratie" kommen in der Völkerbundsatzung nicht zum Tragen. 1919 „is a living thing born", wie Wilson erklärte, aber ohne konkrete Fundamente war es zu schwach zum wachsen. Auch wenn das Rollenkonzept auf den ersten Blick nicht diese Systemschwäche vermuten lässt.

Es unterscheidet sich grundlegend vom Wiener System: Das Prinzip der Gleichheit löst die Oligarchie der Großmächte ab, diese Gleichheit bindet alle Staaten ein, egal welche innerstaatliche Struktur sie aufweisen und drittens wird mit dem Völkerbund selbst ein völlig neuer Rollenträger eingeführt.[22] Auch die Öffentlichkeit bekommt einen ganz anderen, einen gewichtigeren Stellenwert zugeschrieben. Entscheidend ist, dass mit dem Völkerbund ein Instrument zur formalen Konfliktlösung geschaffen wurde. Im Unterschied dazu fehlte im Wiener System dieser Formalismus und es brach über die Frage der Vorgehensweise zusammen. Die Gründung des Völkerbundes als Akteur der neuen Sicherheitsordnung stellt demnach nicht einfach nur den Abschluss eines weiteren internationalen Vertrages dar[23], sondern ist tatsächlich eine neue Ordnung.

Mit der Einführung des Völkerbundes nivellierten sich zudem die Unterschiede zwischen großen und kleinen Mächten.[24] Das oligarchische Prinzip war - zumindest theoretisch - überwunden worden. Bekräftigt wird dies auch dadurch, dass die Mitgliedschaft für alle Staaten offen stand.

Durch den Formalismus ist der Völkerbund im Grunde ein System, das sehr gut auf Krisen reagieren kann: Die Artikel 10 bis 13, sowie Artikel 15 schreiben vor, das alle Probleme, die zu gewaltsamen Auseinandersetzungen führen könnten, an die Völkergemeinschaft überwiesen werden müssen. Bei Nichteinhaltung dieser Vorgehensweise zieht dies Sanktionen nach sich. In der ersten Dekade nach Vertragsabschluss griffen diese Regeln auch wirksam genug. Der Interventionsmechanismus erwies sich in der Schlesienfrage 1921/22 und in der Stützung der österreichischen Republik im Sommer 1922 als wirksam genug.[25] Die Krise wurde durch den Völkerbund erkannt, und er intervenierte erfolgreich. Aber schon der Ruhrkrise 1922/23 griffen diese Werkzeuge nicht mehr: Durch eine eigenmächtige Intervention Frankreichs und Belgiens wurde der Formalismus des Völkerbundes umgangen. Mit diesem Eingreifen wird die definierte Rol-

---

[21] Schneider (2003), S.169
[22] Schneider (2003), S.190-191
[23] Schneider (2003), S.193
[24] Schneider (2003), S.195
[25] Schneider (2003), S.223

lenstruktur ausgehebelt und das nationale Sicherheitsinteresse wieder über das internationale gestellt.[26] Frankreich argumentierte, dass die Besetzung des Ruhrgebietes keine Angelegenheit des Völkerbunds sei, da sie die Reparationsfrage betreffe, die von der Konferenz der Siegermächte in Paris („Supreme Council") geregelt wird, und konnte somit die überstaatliche Auffassung von Sicherheit verdrängen. Frankreichs innerstaatliche Auffassung von Sicherheit bestand auch im Bestreben den Kriegsaggressor Deutschland nicht nur militärisch, sondern auch ökonomisch dauerhaft zu schwächen und stand somit konträr der Sicherheitspolitik Großbritanniens und der USA gegenüber, die nur den militärischen Aspekt im Auge hatte. Diese Krise zeigt das Problem, das entsteht, wenn die Diskrepanz zwischen den lokalen und globalen Sicherheitsanforderungen zu groß wird. Die Auswirkungen dieser Diskrepanz und die Verkennung der Chance, die der Völkerbund bot, führten letztlich über mehrere Stationen, wie z.B. der gescheiterte Versuch der Abrüstung in den Jahren 1924/25, zum kompletten Einsturz des Systems Anfang der 1930er Jahre.

## Fazit

Die Gründe des Niedergangs der untersuchten Systeme sind natürlich vielschichtiger, als es in dieser Arbeit erscheint. Es ist aber bemerkenswert, dass ein Grund der schon die positive Entwicklung und Reproduktion des Wiener Kongress verhinderte auch – in recht abgeänderter Weise – die Ideale der Ordnung von Versailles nachhaltig erschütterte: Der aufkeimende Nationalismus. Lösten die aufkommenden Nationalbewegungen nach und nach die monarchistischen Systeme ab und entzogen so der Wiener Ordnung die Legitimität, so hatte der aufkommende, aggressiv nach außen gerichtete Nationalismus in den 1930er die gleiche zersetzende Wirkung. Es sei davor gewarnt diese beiden Bewegungen direkt gleich zu setzen. Aber es ist erwähnenswert, dass dieses zersetzende Moment sich weiter reproduzieren konnte, während es die beiden Sicherheitsordnungen nicht geschafft hatten und erst ein neuerliches Inferno über die Welt hereinbrechen musste, damit ein neuer politischer Sicherheitsansatz umgesetzt werden konnte.

---

[26] Schneider (2003), S.225

11

# Literaturangaben

- Peter Burg: „Der Wiener Kongress – Der Deutsche Bund im europäischen Staatensystem", München 1984

- Henry A. Kissinger: „Das Gleichgewicht der Großmächte – Metternich, Castlereagh und die Neuordnung Europas 1812-1822", Düsseldorf 1991

- Gordon A. Craig: „Geschichte Europas im 19. und 20 Jahrhundert.", München 1978

- Marius Schneider: „Sicherheit, Wandel und die Einheit Europas", Opladen 2002

- Wichard Woyke (Hrsg.): "Handwörterbuch Internationale Politik", Bonn, 2000

- Ernst Zeelen: "Studienbuch Geschichte, Darstellung und Quellen, Europa im Umbruch von 1776 bis zum Wiener Kongress", Stuttgart 1982

Lightning Source UK Ltd.
Milton Keynes UK
UKRC020255050320
359794UK00001B/6